타인의 허락이 필요치 않은 삶

타인의 허락이
필요치 않은 삶

하나의 경계선이 당신을 자유롭게 합니다

조세프 응우옌 지음 | 박영준 옮김

서드삼독

자아를 되찾는 여정에 나선 모든 이에게
이 책을 바칩니다.

이 책은 당신을 더 큰 평화, 충족감, 기쁨으로 인도하는 안내서입니다.

모든 것은 무(無)에서 생겨납니다. 새로운 것이 창조되려면 먼저 창조를 위한 공간이 있어야 합니다. 이러한 원리는 사람의 삶에서도 마찬가지입니다.

우리를 송두리째 바꿔놓을 만한 새로운 경험을 얻기 위해서는 먼저 그 경험이 생겨날 공간을 마련해야 합니다. 이미 꽃이 만발한 땅에 새로운 씨앗을 심을 수는 없습니다.

공간을 창조하려면 어떻게 해야 할까요? 주위에 경계선을 세워야 합니다. 경계선이 있는 곳에 마음의 평화가 있습니다.

우리가 사랑하는 삶을 포함해 세상의 모든 가능성은 우리 자신이 내면에 만들어낸 '공간'에 존재합니다.
외면과 내면에 적절한 경계선을 세움으로써 우리는 원하는 삶을 창조하기 위한 공간을 마련할 수 있고, 이 책은 그 길을 안내합니다.

내가 쓴 다른 책들도 그렇지만, 이 책 역시 가능한 한 적은 단어를 사용해서 당신 안에 잠재된 지혜를 불러일으키려는 의도로 간결하고 단순하게 썼습니다.

이 책이 간결하다고 해서 효과가 약할 거라 오해하면 안 됩니다.

당신의 삶을 바꾸기 위해서는 하나의 개념, 하나의 생각, 하나의 통찰이면 충분합니다.

이 책에 담긴 언어가 진리는 아닙니다. 대신 당신이 진리를 찾을 수 있도록 방향을 알려주는 역할을 합니다.

지식은 정보를 제공합니다. 진리는 삶을 변화시킵니다. 우리는 정보를 얻으려 하지 말고 변화를 추구해야 합니다.

사랑과 빛을 전하며, 조세프

Joseph
Nguyen

1

경계선이 없는 삶

✻

남을 위해 "예스"를 외치는 것은
나를 향해 "노"라고 말하는 것과
같습니다.

✱ 남들에게 사랑과 자비를 베풀 만큼

마음이 따뜻해야 하지만,

한편으로 경계선을 알 만큼 현명해야 한다.

—카일 크로우

우리는 태어나자마자 어떤 일을 해야 하고, 무엇을 생각하고, 어떻게 행동하고, 누구와 시간을 보내고, 무엇을 입고, 어떤 직업을 갖고, 무엇을 믿을지 남들에게서 일일이 지시를 받는 세상에서 살아갑니다.

누구나 자라면서 주위 사람들의 말에 귀를 기울여야 한다고 배웁니다. 그래야만 기쁘고, 평화롭고, 사랑으로 가득한 삶을 이룰 수 있다는 겁니다. 하지만 정작 우리 중에 그런 감정을 느끼고 사는 사람이 얼마나 될까요?

주위 사람들은 대부분 좋은 의도로 당신의 삶에 관여합니다. 단순히 자기가 소유한 지식을 동원해서 최선을 다해 당신을 도우려는 겁니다. 하지만 그 사람들의 말이 항상 유용한 것은 아닙니다.

당신의 삶을 대신 살아주고, 당신과 똑같은 경험을 하고, 당신과 생각이나 느낌이 정확히 일치하는 사람은 아무도 없습니다. 그러니 당신이 진정으로 무엇을 원하는지 당신만큼 잘 아는 사람이 있을 수 있을까요?

우리는 다른 사람에게서 끊임없이 조언과 해답을 얻어내려고 노력합니다. 그런데 정작 자신의 내면을 들여다보지는 않습니다.

우리가 궁극적으로 원하는 것은 자기 자신으로부터 인정을 받는 것입니다. 그런데도 다른 사람들에게서 최종적인 승인을 구하고자 하는 바람 때문에 끝없이 자신의 내면이 아닌, 바깥을 헤매고 다니는 악순환의 고리에 빠집니다.

그런 한편 남들의 기준에 맞춰 '모든 일을 올바르게 했는데도' 왜 과도한 일에 시달리고, 스트레스를 받고, 불안함을 느끼고, 불만족스러운 감정에 시달리는지 스스로 의아해합니다.

그것이 바로 경계선이 없는 삶을 살아갈 때의 우리의 모습입니다.

이 사회는 우리에게 주위 사람들의 요구를 들어주고, 나보다 남을 먼저 생각하고, 타인의 욕구를 위해 나의 욕구를 희생하라고 가르칩니다.

하지만 그건 자아를 배신하는 행위와 다를 바가 없습니다. 우리가 내면적 욕구를 무시하고 주위에 아무런 경계선을 세우지 않는다면, 자신의 내적 자아를 보살피지 못하고 됩니다. 진리에서 단절됨으로써 결국에는 내가 누군지도 알 수 없는 지경에 이릅니다.

말하자면 우리는 다른 사람들의 요구에 끝없이 "예스"라고 대답하면서 우리 자신을 향해 무심코 "노"라고 말하고 있는 것입니다.

사랑, 행복, 성취감으로 가득한 삶을 창조하는 여정은 당신 자신에게 "예스"라고 응답하는 동시에, 이제는 더 이상 그런 느낌을 안겨주지 못하는 대상을 향해 단호하게 "노"라고 선을 긋는 일에서부터 시작됩니다.

그렇다고 모든 사람에게 항상 "노"라고 대답하며 극

단적인 거부를 일삼아야 한다는 뜻은 아닙니다. 단지 남들에게 "예스"라고 말하듯이 자신에게도 "예스"라는 대답을 허락함으로써 삶의 균형을 되찾아야 한다는 겁니다. 남들이 소중한 만큼 당신 자신도 소중하니까요.

당신의 평화는 오직 내면에서만 얻을 수 있습니다. 당신을 제외한 그 누구도 당신의 평화를 보장하지 못합니다.

경계선을 세우지 않는 사람은 원하는 삶을 창조할 공간도 마련할 수 없습니다.

당신이 원하는 삶을 창조하려면 먼저 당신에게 살아있는 느낌과 기쁨을 안겨줄 공간을 마련하고 그 주위에 경계선을 세움으로써 진정한 삶을 돌려받는 일부터 시작해야 합니다.

남들의 기준에 맞춰
'모든 일을 올바르게 했는데도'
왜 과도한 일에 시달리고, 스트레스를 받고,
불안함을 느끼고,
불만족스러운 감정에 시달리는지
스스로 의아해합니다.

그것이 바로 경계선이 없는 삶을 살아갈 때의
우리의 모습입니다.

2

나의 내면 채우기

우선순위를 바꾸세요,
자기 자신을 돕는 것이 먼저입니다.

✳ 에너지는 관심을 쏟는 곳으로 흐른다.
무엇에 정신을 집중하든
에너지가 흐르는 곳에서
성장도 이루어지는 법이다.

—토니 로빈스

우리는 태어날 때부터 바깥세상에만 온갖 신경을 집중하도록 길듭니다. 내가 나를 어떻게 생각하는지보다 다른 사람들이 나를 어떻게 생각하는지가 더 중요하다고 믿으며 자라는 겁니다. 그 결과 우리의 행동거지나 처신의 많은 부분은 남들에게 인정받는 데 초점이 맞춰집니다.

우리가 그렇게 행동하면 관심이나 주의력이 바깥세상을 향할 뿐 아니라 에너지 역시 같은 방향으로 흐르게 됩니다. 만일 지금 당신이 지치고, 힘이 빠지고, 활기를 잃어버린 상태라면, 그 이유는 에너지 대부분이 외부 세계에 집중되어 내면에 남은 에너지가 아주 적기 때문일 것입니다.

자아를 중심으로 경계선을 세워두지 않으면 우리의 관심과 에너지는 바깥세상에 존재하는 모든 것에 집중될 수밖에 없습니다. 내면의 욕구와 일치하지 않고 자신을 성장시켜주지도 못하는 요구에 "예스"라고 답하는 것은 곧 우리 자신의 기쁨을 향해 "노"라고 손을 내젓는 것과 같습니다.

삶에 평화, 사랑, 감동, 영감, 창의력, 행복을 되돌리는 작업은 경계선을 세우는 일에서부터 시작됩니다. 그래야만 에너지가 내면에 남아 있을 수 있습니다.

우리는 경계선과 이기심을 혼동해서는 안 됩니다.

자아를 중심으로 경계선을 세우는 일은 남들의 욕구야 어떻든 내 욕구만 충족하면 된다는 이기적인 행동이 아닙니다. 나 자신의 욕구도 주위 사람들의 욕구만큼이나 소중하다는 사실을 인정하는 사려 깊은 사랑의 행위입니다.

　또 자신의 참된 삶을 위한 공간을 창조하고 정신적, 신체적, 영적 행복에 우선순위를 부여하는 용기 있는 행동입니다. 하지만 사람들 대부분은 두려워서 그렇게 하지 못합니다.

　경계선을 세운다는 말은 자아를 보살피고, 스스로를 존중하고, 주변 사람들을 무시하지 않으면서도 자신의 내면적 욕구를 존중한다는 뜻입니다. 요컨대 당신은 경계선을 세우는 행위를 통해 삶을 사랑하는 연습, 성장과 번영을 위한 공간을 창조하는 연습을 하는 겁니다.

세상을 돕는 가장 좋은 방법은 자기를 희생하는 것이 아니라 자기 자신을 먼저 돕는 겁니다.

밀물은 모든 배를 띄웁니다. 당신이 당신 내면의 평화를 우선시하게 되면, 당신은 자신뿐 아니라 다른 사람들의 배도 둥실 떠오르게 하는 밀물이 될 수 있습니다.

우리는 우리가 가진 것만을 남에게 줄 수 있습니다. 당신이 평화와 기쁨을 포함한 자신의 모든 것을 희생한다면, 결국 자기 자신에게 무엇이 남을까요? 그렇게 하는 것이 다른 사람을 진정으로 돕는 길일까요?

당신의 내면이 평화, 사랑, 기쁨으로 가득할 때 남들에게 더 잘 봉사할 수 있지 않을까요?

우리의 마음이 넓고 포용적인 상태에 놓여 있을 때
는 단지 남들 앞에 모습을 드러내는 것만으로도 그들
을 위해 봉사할 수 있습니다.

우리의 심리 상태는 에너지에서 옵니다. 에너지는
전파력이 매우 강합니다. 우리가 어떤 심리 상태에 놓
이든 주변 사람들은 이를 즉시 감지합니다. 게다가 우
리 역시 그들이 처한 상태를 곧바로 알아차립니다. 그
건 사람이 발산하는 감정(동적 에너지) 때문입니다.

주변 사람들은 우리의 말이나 행동보다는 우리가
그들에게 무엇을 '느끼게' 했는지에 따라 영향을 받습
니다.

우리 자신에게 필요한 것을 스스로 제공하고 내면
적 평화를 우선시하면, 자기가 진정으로 원하는 삶을

돌려받게 될 뿐만 아니라 참되고 온전히 살아 있는 느낌을 얻을 수 있습니다. 당신이 경험하는 한없이 넓고 포용적인 상태는 본인과 주변 사람들의 삶 곳곳에 긍정적인 영향을 미칩니다.

우리가 다른 사람을 바꿀 수는 없습니다. 그러나 나 자신과 나에게 평화를 가져다주는 대상을 향해 "예스"라고 대답하는 순간, 다른 사람에게도 저마다의 평화를 위해 나와 똑같이 행동하게끔 용기를 불어넣게 됩니다.

세상을 바꾸는 가장 효과적인 방법은 남들에게 어떤 일을 하라고 지시하거나, 그들이 할 일을 대신해주는 것이 아닙니다. 당신의 변화된 모습을 당당하게 보여줌으로써 누구도 이를 외면할 수 없게 만드는 것입니다.

자아를 중심으로 경계선을 세우는 일은
남들의 욕구야 어떻든
내 욕구만 충족하면 된다는
이기적인 행동이 아닙니다.

나 자신의 욕구도 주위 사람들의 욕구만큼이나
소중하다는 사실을 인정하는
사려 깊은 사랑의 행위입니다.

3

경계선을 세운다는 것

*

당신 삶에서 에너지와 기쁨을 빼앗는
사람이나 사물을 걸러내는 것이
경계선 작업입니다.

✳ 자신을 사랑한다면 먼저 경계선을 세우라.
당신의 시간과 에너지는 지극히 소중하므로
이를 어떻게 사용할지를 스스로 결정해야 한다.
당신이 무엇을 받아들이고 거절하는지
결정하는 모습을 보여줌으로써
사람들이 당신을 어떻게 대해야 할지를 가르쳐라.

—애나 테일러

경계선은 심신의 에너지를 고갈시키거나 삶에 도움이 되지 않는 대상을 향해 "노"라고 말할 때 만들어집니다. "노"라고 말하는 순간 자신만의 공간이 창조되는 것입니다.

새로운 것을 창조하려면 먼저 공간이 있어야 합니다. 물이 가득 채워진 잔에는 더 이상 물을 담을 수 없습니다. 당신의 삶에 새로운 것을 받아들이고 싶다면 우선 잔을 비워야 합니다.

새로운 가능성을 위한 공간을 창조하고자 하는 사람은 먼저 공간 주위에 경계선을 설치해야 합니다.

자연은 참으로 경이롭습니다. 어딘가에 공백이나 빈틈(공간)이 생기면 이를 재빨리 무언가로 메우려 합니다.

우리는 우리가 만들어낸 삶의 공간을 아름다운 사물이나 감정으로 채우기 위해 너무 애쓸 필요가 없습니다. 우주가 자연스럽게 채워줄 것이기 때문입니다.

예를 들어 당신이 하루 휴가를 냈을 때 집에서 아무 일도 하지 않으면서 온종일을 보낸 적이 있나요? 당신에게 자유로운 하루가 생기면 뭔가가 어김없이 그 자리에 파고들어 시간을 차지합니다. 장담하건대 당신은 그렇게 하려고 노력하지 않았을 겁니다. 이는 공간이 생겨날 때마다 빈 곳을 끊임없이 메워가려는 자연의 작용일 뿐입니다.

경계선을 세운다는 것은 삶에서 에너지와 기쁨을 빼앗아 가는 사람이나 사물을 필터로 걸러내는 일을 뜻합니다. 우리의 임무는 긍정적인 일을 억지로 만들어내는 것이 아니라, 주위에 경계선을 세움으로써 삶을 새로운 경험으로 채워줄 공간을 자연스럽게 창조하는 겁니다.

이를 고기를 낚는 일에 비유할 수 있습니다. 어부는 강물의 흐름을 바꾸려고 노력하지 않아도 됩니다. 강물은 저절로 흘러갑니다. 우리가 할 일은 원하는 물고기를 잡아 올릴 제대로 된 그물을 마련하는 겁니다.

우리는 삶이라는 이름의 강에 경계선이라는 이름의 그물을 던져 자신을 더 이상 기쁘게 해주지 못하는 물고기를 걸러내고 영혼에 양분을 공급하는 물고기를 건져 올려야 합니다.

사람들 대부분은 강을 향해 그물을 던지려 들지도 않습니다. 그저 물가에 서서 강이 자신을 위해 물고기를 물 밖으로 던져주기만을 기다립니다. 문제는 강이 아니라, 우리가 강물과 상호작용하는 방식에 있습니다.

우리는 삶이라는 이름의 강에
경계선이라는 이름의 그물을 던져
자신을 더 이상 기쁘게 해주지 못하는
물고기를 걸러내고
영혼에 양분을 공급하는 물고기를
건져 올려야 합니다.

4

경계선 세우는 연습

*

오직 직관에 따라,
삶에 가장 큰 영향을 미칠
경계선을 정하는 것부터 시작합니다.

✳ 다른 사람들을 실망에 빠뜨릴지도 모를

위험한 순간에도

과감하게 경계선을 세우는 일은

용기를 내어 자기 자신을 사랑하는 행위와 같다.

—브레네 브라운

우리는 삶에서 에너지가 어디로 흘러가는지를 정확히 파악할 필요가 있습니다.

어떤 것이 부담감을 주나요? 무엇이 에너지를 빼앗아 가나요? 어떤 일이 진을 빼나요? 그런 느낌을 안겨 주는 일과 더 상대할 필요가 없다면 어떤 느낌이 들까요?

이 질문에 대한 답을 가능한 한 구체적으로 생각해 보시기 바랍니다. 구체적일수록 경계선의 효과가 강해집니다.

공간에 대한 통치권을 주장하려면 먼저 경계선을 정해야 합니다. 당신은 자아의 주위에 경계선을 세움으로써 내면의 에너지를 보호할 만한 충분한 힘을 갖고 있습니다. 경계선을 세우는 일은 자기 자신에게 자유를 안겨주는 정당한 행위입니다.

평화는 싸워서 얻어내야 할 무엇이 아니라, 이미 내면에 존재하는 무엇입니다. 따라서 당신은 이를 지켜낼 의무가 있습니다. 하지만 사람들은 삶에 도움이 되지 않은 요구에 "예스"라고 답하면서 자신의 평화를 포기하는 길을 택합니다.

무엇이 당신의 에너지를 앗아가고 평화를 박탈하는지 그 목록을 만듭니다. 그런 다음 '선언문'을 작성해서 주위에 경계선을 세우는 작업을 시작해야 합니다. 우리는 살면서 무언가를 선택해야 하는 상황에 부딪

힙니다. 당신은 경계선 선언문을 미리 만들어두었기에 자신의 평화를 보호하기로 이미 결정을 내린 셈입니다.

선언문에는 당신이 경계선을 세운 '이유'를 밝히는 것이 좋습니다. 이유란 경계선을 세우지 않았을 때 빚어질 수 있는 부정적인 결과를 뜻합니다. 즐거움보다는 고통이 우리에게 훨씬 더 많은 동기를 부여하니까요.

목록을 만들 때는 마음속에 처음으로 떠오른 것을 적어 내려갑니다. 너무 깊이 생각하지는 마세요. 직관을 따라야 합니다.

경계선 선언문의 몇 가지 예를 소개합니다.

- 더 이상 x를 먹거나 마시지 않겠다. 왜냐하면 x는 나를 불안하고 피곤하게 만들 뿐 아니라, 나 스스로나 주위 사람들의 삶에 도움이 되지 않는 결정을 내리게 하기 때문이다.

- x라는 미디어를 소비하지 않겠다. 왜냐하면 그 미디어는 내가 부족한 사람이라는 느낌을 주기 때문이다.

- 나는 나 자신과의 부정적인 대화에 빠지지 않겠다. 왜냐하면 그 대화는 평화와 기쁨을 빼앗아 가기 때문이다.

- 사람들이 다른 사람을 판단하고, 비난하고, 험담하는 부정적인 환경에 머물지 않겠다. 만일 그런 자리에 있게 되면 즉시 그곳을 떠날 것이다.

- 나는 다른 사람들에게 "노"라고 말하고, 대신 내 몸과 마음, 영혼에게 필요한 것을 내어주는 것에 죄책감을 느끼지 않을 것이다.

경계선 선언문의 기본적인 구조는 다음과 같습니다.

- 이제부터는 _____ 를 하지 않겠다. 왜냐하면 그 행위는 나를 _____ 하게 만들기 때문이다.

- 이제부터는 (멈추고자 하는 행위)를 하지 않겠다. 왜냐하면 그 행위는 나를 (그 행위의 부정적 결과) 하게 만들기 때문이다.

경계선 선언문을 작성한 뒤에는 여러 목록 중 어떤 부정적 결과가 당신에게 가장 큰 부담과 고통을 주는

지 생각합니다.

그 결과를 참고하여 당신의 삶에 가장 큰 영향을 미칠만한 경계선을 하나 정합니다.

다음 달에는 그 경계선을 지키는 데에 전력 집중합니다. 그렇게 했을 때 가장 큰 효과와 최고의 성공 확률을 보장할 수 있습니다.

작성한 경계선 선언문은 잘 보이는 곳에 붙여둡니다. 그래야만 계속해서 상기할 수 있습니다.

난감하고 괴로운 상황이 닥칠 때마다 그 순간의 고통을 이용하여 당신이 세운 경계선을 떠올리세요. 감정적 고통을 경계선의 기억을 되살리는 도구로 삼는 겁니다. 자신이 발휘할 수 있는 모든 힘을 다해 당신이 세운 경계선 선언문을 존중해야 합니다.

자신이 세운 경계선을 스스로 존중했을 때 어떤 느낌이 드는지를 깨닫는 순간, 당신은 경계선을 지키려고 그토록 노력하는 이유를 떠올리게 될 겁니다.

경계선을 효과적으로 세우기 위해서는 당신이 특정한 감정을 느끼는 근본적인 이유를 찾아내야 합니다. 경계선을 세운 뒤에 어떤 문제가 영원히 사라졌다면 당신은 그 문제의 근본 원인을 발견한 겁니다.

반대로 경계선을 세우고 이를 열심히 지켰는데도 같은 문제가 반복해서 일어난다면, 당신은 근본 원인이 아니라 겉으로 드러난 증세를 중심으로 경계선을 세웠음이 분명합니다.

다음의 빈 페이지에 당신의 삶에 즉시 영향을 초래

할 만한 중요한 경계선 선언문을 하나 작성해보시기
바랍니다.

∽ 경계선 선언문 ∽

_____

_____

_____

_____

_____

_____

_____

_____

_____

_____

_____

_____

_____

_____

_____

날짜 :

_____

"나는 다른 사람들에게 '노'라고 말하고,
대신 내 몸과 마음, 영혼에게 필요한 것을
내어주는 것에 대해
죄책감을 느끼지 않을 것이다."

5

타인의 반응 살피기

*

그럼에도 내가 어떤 결정을 내리든
이에 동의하지 않는 사람은
늘 나오기 마련입니다.

✻ '노'라는 대답은 남들의 노여움을 살 수 있다.
대신 당신에게 자유를ㅁ 안겨줄 것이다.
당신의 자유는
다른 사람의 노여움보다 훨씬 중요하다.

—나이이라 와히드

당신이 설치한 경계선은 삶에 의해 부하 테스트 (stress test)를 받게 됩니다. 어떤 경계선은 주위의 극심한 저항을 불러옵니다. 특히 당신이 다른 사람들에게 해준 일이나 남들과 함께한 일이 그들의 행복과 깊이 결부되어 있을 때는 더욱 그렇습니다.

남들에게서 경계선을 벗어나는 행동을 요구받았을 때는 긴 설명을 늘어놓을 필요 없이 편안하게 "노"라고 말합니다. 그렇게 하는 것이 가장 좋은 대처법입니다. 대부분은 그 정도 대응으로 충분합니다. 하지만 그렇지 않을 때도 있습니다.

어떤 사람이 자기의 요구를 거절한 이유를 캐물으면, 당신은 사랑과 공감의 마음으로 본인이 세운 경계선을 설명할 수 있습니다. 그 상황을 당신에게 왜 그 경계선이 필요한지 솔직하게 털어놓을 기회로 삼기를 바랍니다.

당신이 경계선을 세운 이유를 공유하는 까닭은 누가 옳은지 그른지를 따지기 위해서가 아닙니다. 그보다는 지금 당신에게 무엇이 필요해서 경계선을 세웠는지 솔직히 이야기하고, 그 경계선은 언제라도 바뀔 수 있음을 밝히기 위해서입니다. 당신이 마음의 문을 열고 경계선을 세운 이유를 진정성 있게 설명하면 사람들은 대부분 이해합니다.

우리가 다른 사람들에게 무언가를 어떻게 말하느냐에 따라 상대방의 반응은 달라집니다. 말에 담긴 의도, 에너지, 감정은 메시지가 상대에게 받아들여지는 데 강력한 영향을 미칩니다.

당신이 사랑 가득한 마음으로 평화롭게 자신이 세운 경계선에 관해 설명한다면, 상대 역시 비슷한 마음으로 당신과 상호작용할 것입니다.

물론 항상 그렇지만은 않습니다. 당신이 사랑 가득한 평화로운 마음으로 본인이 세운 경계선을 이야기하고, 애초에 왜 그런 결정을 내렸으며, 그것이 당신의 행복에 얼마나 중요한지를 충분히 설명했는데도 상대방은 여전히 당신으로 인해 기분이 상하고, 좌절하고, 화를 낼 수 있습니다.

당신이 사려 깊고 평화롭게 자신의 경계선을 공유

했는데도 그런 일이 생겼다면, 결국 문제는 당신이 아니라 상대방에게 있다는 사실을 알아야 합니다.

실제로 그런 상황이 벌어졌을 때 당신은 두 가지 방법 가운데 하나를 선택할 수 있습니다.

하나는 상대방에게 그런 감정을 안겨주고 노여움을 불러온 원인을 찾기 위해 흉금을 털어놓고 대화를 나누는 겁니다.

또는 그 순간 당신이 하는 어떤 말이나 행동도 별로 도움이 안 된다는 판단에 따라 상황이 진정될 때까지 시간을 갖고 다음에 날을 잡아 다시 대화를 나누는 방법도 있습니다.

중요한 것은 당신과 상대방이 느끼는 감정을 절대 무시하거나 덮어버리지 말고 서로 소통하는 겁니다. 인간관계의 해결책은 오직 소통에서 나옵니다.

경계선은 변화를 동반합니다. 다른 사람이 변화를 받아들이는 데는 시간이 걸립니다. 당신이 순수하게 자신을 사랑하는 마음에서 경계선을 세웠다면, 그 경계선이 당신의 삶에 꼭 필요하다는 사실을 다른 사람들 또한 깨닫게 될 것이고, 결국 그들의 상한 마음도 누그러지게 될 겁니다.

하지만 시간과 공간으로 문제를 해결하지 못하는 때도 있습니다. 이는 인간관계의 형태나 다른 사람들이 그들 자신을 위해 세워둔 경계선(또는 경계선의 부재)에 따라 달라집니다. 자신을 위해 경계선을 세우지도 못하고 이를 존중하지도 못할 만큼 스스로를 사랑하지 않는 사람들이 당신의 경계선을 이해할 거라 기대해서는 안 됩니다.

중요한 점은, 내 삶 주위에 세워둔 경계선에 대해 타

인이 어떻게 반응할지는 내가 통제할 수 없다는 사실입니다.

당신이 살아가면서 어떤 의사결정을 내리든 이에 동의하지 않는 사람들은 늘 나오기 마련입니다. 하지만 그건 궁극적으로 당신의 삶입니다. 당신에게 평화, 사랑, 기쁨을 안겨줄 공간을 창조하는 일은 본인의 몫입니다. 비록 남들이 이해하지 못한다고 해도 말입니다.

우리의 의무는 다른 사람들이 어떤 생각을 하고 있으며 왜 지금과 같은 감정을 느끼는지를 최선을 다해 이해하는 것입니다. 그리고 그들이 진정으로 느끼는 바를 당신과 솔직히 공유할 수 있도록 그들만을 위한 공간을 열어 주어야 합니다.

어떤 형태의 인간관계에서든 사람은 타인과 더불어 성장하거나 독립적으로 성장하거나, 둘 중 하나입니다.

당신이 성장하게 되면 경계선도 변합니다. 그리고 당신과 생각이 다른 사람들과의 인간관계 역시 각자 다른 방향을 향해 성장하기 시작합니다.

당신이 남들과 다른 방향을 선택했다면, 그런 인간관계에서는 그것이 자연스러운 결과입니다. 중요한 것은 그렇게 되어도 아무 문제가 없다는 사실을 인식하는 겁니다.

당신은 개인의 성장을 추구하기 위해 한때 소중히 간직한 것을 내려놓는 것이 안타까울 수 있습니다. 하지만 그래도 괜찮습니다. 우리가 할 수 있는 일은 열심히 삶을 살아가는 것이 전부입니다. 때로 그런 행동이 주위 사람들에게 불만족스럽게 느껴질 수도 있지만 말입니다.

당신이 최선을 다해 내면의 평화를 찾아낸다면 그

걸로 충분합니다. 당신은 그 사실을 받아들일 용기를 내야 합니다.

당신의 인간관계가 사랑과 선한 의지에 바탕을 두고 있다면, 자신에게 무엇이 필요한지 주위 사람들과 솔직히 소통했을 때 그들도 당신의 내적 평화가 자신들의 행복만큼 소중하다는 것을 결국은 이해하게 될 것입니다.

다른 사람들에게 오해를 받아도 아무렇지 않을 때

당신은 비로소 평화를 얻게 됩니다.

당신이 최선을 다해 내면의 평화를 찾아낸다면
그걸로 충분합니다.
당신은 그 사실을 받아들일 용기를 내야 합니다.

6

보편적으로 활용하기

*

'하나'의 변화에 성공했다면
'둘'의 변화도 가능합니다.

✱ 평화와 기쁨으로 가득한 삶을 선택하는 데
다른 사람들의 허락이 필요치 않다는 사실을
깨달은 사람은 자유다.

—조세프 응우옌

사람들은 뭔가 새로운 것을 배워서 살아가는 방식을 바꾸려 할 때, 그 변화를 꼭 삶의 한 부분에만 적용하려는 경향이 있습니다. 예를 들어보겠습니다.

당신이 신체적 느낌을 향상한다는 목표를 세웠다고 가정해봅시다. 당신은 새로운 식이요법을 배운 덕분에 특정한 음식이 사람을 무기력하게 만들거나 마음에 불안감을 초래한다는 사실을 알아냅니다. 그래서 그런 종류의 음식에는 무엇이 있는지 열심히 찾아본 뒤에, 앞으로는 그런 음식을 먹거나 마시지 않겠다고 다짐합니다.

몇 주가 지나면서 당신은 몸이 훨씬 건강해졌음을 느낍니다. 새로 시작한 식이요법이 당신에게 얼마나 큰 도움이 되는지 깨닫고 이를 평생 유지한다면, 그 습관은 삶에서 영원히 지속될 긍정적인 행동의 변화가 될 수도 있을 겁니다.

그러나 사람들 대부분은 변화의 모멘텀을 여기서 멈추고 맙니다. 신체적 느낌을 향상한다는 처음의 목표를 이미 달성했기 때문입니다. 하지만 여기서 한 걸음 더 나아가 이 사례에서 얻어낸 교훈을 삶의 다른 부분에도 적용할 수 있다는 사실은 깨닫지 못합니다.

모든 긍정적 변화에는 삶의 여러 분야에 두루 적용할 만한 원칙이 포함되어 있습니다. 이를 잘 활용하면 변화의 모멘텀을 지속할 수 있을 뿐만 아니라, 당신이 쏟은 노력에 복리 이자를 붙여 되돌려받을 수도 있습니다.

우리가 특정 음식을 식단에서 제외함으로써 기분이 좋아지는 효과를 체험했다면, 삶의 다른 곳에도 같은 원칙을 적용할 수 있지 않을까요?

마음이 섭취하는 음식도 우리가 경험하는 느낌에 똑같은 영향을 미칠지 생각해봅시다.

매일 같이 소비하는 미디어를 자세히 들여다본 뒤에, 우리에게서 에너지를 빼앗아 가거나 부정적인 감정을 불러오는 미디어를 더는 사용하지 않기로 마음먹는다면 어떤 일이 생길까요?

우리는 식이요법으로 신체적 느낌을 향상하는 과정을 통해 한 가지 중요한 원칙을 배웠습니다. 삶에서 소비하는 모든 것(마음을 위한 소비를 포함해서)은 어떤 형태로든 당사자에게 영향을 미친다는 사실입니다.

이런 깨달음은 "우리가 먹는 음식이 우리가 어떤 사람인지를 말해준다(we are what we eat)"라는 경구에 전혀 새로운 의미를 부여합니다. 만일 이 문장을 "우리가 소비하는 것이 우리가 어떤 사람인지를 말해준다(we are what we consume)"로 바꾼다면, 여기에 담긴 의미를 좀 더 보편적으로 확대할 수 있을 것입니다.

우리가 특정한 경험을 통해 발견할 수 있는 원칙은 무한히 많습니다. 앞에서 이야기한 사례는 단지 하나의 예일 뿐입니다.

가령 우리는 식이요법에 관한 사례를 통해 '투입물(input)'이 '산출물(output)'을 결정한다는 교훈을 얻을 수도 있습니다. 투입물을 바꾸지 않고 오로지 산출물을 바꾸는 데 집중하는 것은 질병의 원인을 해결하지 않고 증세만 치료하는 일과 다를 바가 없습니다.

체중이 불어난 근본 원인인 '투입물'을 고려하지 않고 운동만 해서는 살을 빼기가 어렵습니다. 몸무게를 줄이려는 사람이 음식이라는 투입물을 바꾸지 않은 채 운동만 열심히 하는 것은 헛된 노력일지 모릅니다.

내가 여기서 강조하고자 하는 핵심 원칙은 다음과 같습니다. 한 분야에서 긍정적인 변화를 경험한 사람은 그 변화를 다른 분야에도 적용하여 삶을 개선할 수 있다는 것입니다.

앞에서 언급한 두 가지 사례는 이 책의 주제와도 잘 맞아떨어집니다. 왜냐하면 두 시나리오가 모두 우리의 자아를 중심으로 경계선을 세우고 삶을 변화시키는 일과 관련이 깊기 때문입니다.

첫 번째 식이요법의 사례에서 우리는 특정 음식을 더 이상 몸 안으로 집어넣지 않겠다는 경계선을 세웠습니다. 그 음식을 먹었을 때의 느낌이 즐겁지 않았기 때문입니다.

두 번째 사례는 같은 이유로 특정 미디어 주변에 경계선을 세운 경우입니다.

당신이 이뤄낸 변화의 참된 힘과 잠재력을 경험하고 싶다면, 한 곳에서 배운 교훈을 삶의 다른 분야에서도 보편적으로 활용할 수 있는 방법을 찾아보세요. 그렇게 할 수만 있다면 당신은 무한한 변화와 성장을 경험할 수 있습니다. 그리고 이를 바탕으로 삶의 지혜를 총체적으로 터득하는 여정에 나설 수 있습니다.

다음은 우리 삶에서 경계선이 필요한 잠재적 영역입니다.

- 마음
- 감정 및 영적 분야
- 신체
- 로맨스 및 동반자 관계
- 가족
- 사회적 관계
- 일과 경력
- 돈
- 즐거움/창의성/취미/오락

먼저 삶의 한 분야를 골라 하나의 경계선을 세웁니다. 그리고 그 행위에서 벗어나는 습관을 들이기 시작합니다.

한꺼번에 너무 많은 경계선을 세우면 감당하기가 어렵습니다. 장기적 변화에 성공하는 가장 좋은 방법은 작게 시작하는 것입니다. 장기적 변화는 한 번에 하나의 경계선을 세워 한 가지 습관을 들이고, 그런 뒤에 다음번 경계선으로 넘어가는 과정을 통해 이루어집니다.

그렇게 만들어진 경계선이 어느덧 삶의 일부로 자리 잡아 이에 대해 많은 생각을 하거나 더는 노력할 필요가 없어졌다면, 이제 다른 경계선으로 넘어갈 준비가 된 것입니다.

잊지 마세요. 당신이 쏟은 노력은 시간이 흐르면서 복리 효과를 발휘합니다.

당신이 한 달에 하나의 경계선을 세웠다면 연말에는 삶의 여러 분야에서 열두 개의 경계선이 세워지게 될 겁니다. 그런 사람의 삶이 획기적으로 변하지 않는 것은 불가능합니다.

그러니 지금 하나의 경계선에서 시작하세요. 당신의 삶을 송두리째 바꾸기 위해서는 우선 하나의 경계선으로 충분합니다.

당신이 이뤄낸
변화의 참된 힘과 잠재력을 경험하고 싶다면,
한 곳에서 배운 교훈을
삶의 다른 분야에서도
보편적으로 활용할 수 있는 방법을 찾아보세요.
그렇게 할 수만 있다면
당신은 무한한 변화와 성장을 경험할 수 있습니다.

7

내면세계 다스리기

*

부정적인 생각은
감정적 고통의 뿌리입니다.

✱ 당신이 참고 견뎌내는 바로 그것이
   당신이 얻어낼 수 있는 것이다.

—작자 미상

나 자신과 바깥세상 사이에 경계선을 세우는 일도 필요하지만, 더 중요한 것은 마음속에 존재하는 내면세계 주위에 경계선을 세우는 일입니다.

우리를 둘러싼 세상에서는 하루에도 수만 가지 일이 벌어집니다. 하지만 우리는 그 모든 것을 마음의 필터를 통해 걸러냅니다.

우리에게 벌어지는 일이 감정을 만드는 것이 아니라,

그 일에 대한 우리의 생각이 감정을 창조합니다.

만일 우리가 사고라는 행위의 주위에 아무런 경계선을 설치하지 않는다면, 마음은 원래 길든 대로 육신의 생존을 유지하는 데만 몰두하게 됩니다. 그러다 보면 우리는 지속적인 공포와 자기방어에 빠져 온갖 부정적인 감정에 시달릴 수밖에 없습니다.

마음은 손대지 않고 그냥 놓아두면 주변 환경에서 위협의 요소를 찾아내는 데 신경을 곤두세우고, 마주치는 모든 것을 이리저리 저울질하고, 앞날을 걱정하고, 지난날을 후회하고, 우리 자신을 끝도 없는 스트레스 상태에 빠뜨립니다.

이처럼 마음속에서 벌어지는 끊임없는 저울질과 부정적인 대화는 우리가 겪는 심적 고통의 근본 원인입니다.

하지만 이것은 이야기의 한 부분일 뿐입니다. 당신에게는 마음속 대화의 내용을 바꾸거나 대화를 아예 중단시킬 만한 충분한 힘이 있습니다.

삶이라는 이름의 책에서 같은 페이지만 되풀이하며 살아갈 필요는 없습니다. 마음 주위에 경계선을 세우는 순간 한 페이지의 삶을 마무리하고 새로운 페이지를 열어갈 수 있는 겁니다.

**당신은 완전히 새로운 삶의 경험을 누릴 기회에서
한 자락의 생각, 한 차례의 결정, 하나의 경계선만큼
떨어져 있을 뿐입니다.**

머릿속에서 더 이상 부정적인 목소리가 들려오지 않는다면 어떤 기분이 들까요? 삶은 어떻게 변할까요? 얼마나 많은 평화, 사랑, 기쁨을 경험할 수 있을까요?

부정적 사고를 깨끗이 비워낸 마음은 평화로 가득한 공간을 창조합니다.

당신이 앞으로는 부정적 생각에 빠지지 않겠다고 마음먹은 것만으로도, 부정적 사고로 인한 감정 효과는 현저히 감소하거나 심지어 아예 사라질 수도 있습니다.

우리가 부정적인 생각에 빠지거나 앞날에 대한 걱정을 계속하는 이유는 그 행위로 인해 뭔가 이익을 얻을 수 있다고 믿기 때문입니다. 하지만 그런 생각이 당신에게 평화와 기쁨을 가져다준 적이 얼마나 되던가요?

당신 자신에게 이 어려운 질문을 던져보면 본인의 현재 행동이 더 이상 자신에게 도움이 되지 않는다는 진실을 발견할 수 있습니다. 그렇게 되면 불필요한 사고 행위를 멈추고 삶에 보탬이 되는 새로운 행동을 위한 공간을 창조하게 됩니다.

자기 파괴적인 부정적 사고의 쳇바퀴에서 벗어나는 최선의 방편은 그런 생각에 아무런 긍정적 효과가 없으며 오히려 평화를 빼앗아 갈 뿐이라고, 자신을 끊임없이 일깨우는 것입니다.

당신은 부정적인 생각이 마음을 파고들 때마다 그 생각을 지속함으로써 고통의 상태를 이어갈 것인지, 또는 생각하기를 멈춤으로써 고통에서 벗어날 것인지를 선택할 수 있습니다.

우리가 마음의 주위에 경계선을 세우는 일은 평화, 행복, 만족감을 성취하기 위해 반드시 해내야 하는 가장 중요한 선택입니다.

다음은 경계선을 세우고 부정적 사고의 침입을 막아내는 연습입니다.

경계선을 세우고 유지하는 일이 쉽지는 않지만 방법은 단순합니다. 단순하다고 해서 효율성이 떨어지는 것은 아닙니다. 단순함과 효율성은 많은 경우 긴밀한 연관성이 있습니다.

당신이 세운 경계선을 지켜내기 위해서는 아무 때고 마음을 두드리는 부정적인 생각에 시간과 에너지, 관심을 쏟지 않으면 됩니다.

우리가 기억해야 할 사실은, 마음이 초점을 맞춘 대상은 무엇이든 확대된다는 사실입니다. 세상 만물은 에너지가 흐르는 곳에서 자라납니다.

당신이 계속해서 부정적인 생각에 관심을 쏟으면 그

생각은 커질 수밖에 없습니다. 반대로 사고의 행위에 에너지(생명력)를 낭비하지 않겠다고 마음먹는 순간, 부정적 생각은 힘이 떨어지고 마음을 금세 빠져나갑니다.

그러므로 당신의 마음속에서 부정적인 생각이 떠오르면 그 상황을 있는 그대로 받아들이되, 생각에 적극적으로 개입하거나 그것이 실제라고 믿지 않아야 합니다.

큰 숨을 몇 차례 내쉬고 두 발을 땅 위에 단단히 고정한 채, 아무런 좋은 일도 없이 감정의 고통만 불러오는 부정적 생각에 더는 빠지지 않겠다고 자신을 상기시키기 바랍니다. 그러면 마음속에서 자연스럽게 공간이 만들어집니다. 이 공간은 당신이 삶에 받아들이고자 하는 무한한 가능성을 떠받치는 역할을 합니다.

부정적인 생각이 떠오를 때마다 당신이 활용하면 좋을 네 가지 액션을 소개합니다.

BARF

B: **숨쉬기**(Breathe) 뱃속 깊숙이 큰 숨을 다섯 번 들이쉬어 신경계를 진정시키고 현실에 집중합니다.

A: **질문하기**(Ask) "이 부정적인 생각이 내게 도움이 되는가?"라고 스스로 질문합니다. 만일 그렇지 않다면 생각을 내려놓습니다.

R: **기억하기**(Remember) '부정적인 생각은 감정적 고통의 뿌리'라는 사실을 기억하고, 자신에게 그 말을 되풀이합니다.

F: 느끼기(Feel) 어떤 감정을 경험하든 판단하거나 말을 덧붙일 필요 없이 그저 느낍니다. 생각하지 말고 그냥 느끼면 됩니다.

신경계가 누그러지고 부정적인 생각이 물러날 때까지 이 프로세스를 반복합니다. 이를 부정적인 생각이 당신의 신경계를 떠나도록 생각을 토해내는(barf) 과정으로 생각해도 좋습니다.

우리가 부정적인 사고를 통해 좋지 않은 감정을 마음속에 영원히 묶어두지만 않는다면, 사람의 몸은 대체로 90초 안에 이 과정을 마치고 감정을 원상태로 되돌릴 수 있습니다.

마음 주위에 올바른 경계선을 세우기만 한다면, 부정적인 생각과 이에 연관된 감정을 사라지게 하는 데 그 정도 시간이면 충분합니다.

당신이 다음번에 또다시 부정적인 생각과 맞닥뜨리면 평온한 마음을 되찾을 때까지 같은 과정을 되풀이하세요. 이를 계속 실천해간다면 습관으로 자리 잡아 당신의 두 번째 천성으로 거듭날 것입니다.

마음이 초점을 맞춘 대상은
무엇이든 확대된다는 사실을
기억하길 바랍니다.
세상 만물은
에너지가 흐르는 곳에서 자라납니다.
당신이 계속해서 부정적인 생각에 관심을 쏟으면
그 생각은 커질 수밖에 없습니다.

8

두 마리 토끼 모두 잡기

*

돈과 행복, 두 가지 목표를 모두 이뤄주는
경계선을 세우면 됩니다.

✱ 당신이 취할 수 있는 가장 용감한 행동 중 하나는,
다른 사람들에게 사랑받기 위해
그들을 기쁘게 해야 한다고 평생 믿어온 당신이
남들의 요구에 '노'라고 말하며
주위에 경계선을 세우는 것이다.

—자비에르 다그바

우리는 뭔가 목표를 세우면 어떤 대가를 치르더라도 반드시 이를 달성해야 한다고 생각합니다. 이 때문에 우리 삶에는 종종 불균형이 초래됩니다. 목표를 이루기 위해 자신을 포함한 모든 것을 희생하는 탓입니다.

우리는 자신을 포기하면서까지 생산성을 높이고 목표를 달성하는 데 삶의 우선순위를 둡니다. 수많은 과업과 의무로 일정을 채우면서 기쁨이나 행복을 누릴 공간을 없애버리는 겁니다. 목표를 성취하는 데 너무 몰두하다 보니 자기가 누구고 자신에게 진정으로 중요한 것이 무엇인지도 잊어버립니다.

이런 접근방식의 문제점은 막상 목표가 달성된 뒤에도 에너지 고갈, 좌절, 공허감 같은 결과로 이어지기가 쉽다는 겁니다.

우리는 정말 목표를 이루는 데 모든 것을 바치든지, 아니면 좋아하는 취미생활을 하든지 둘 중 하나만을 선택해야 하는 걸까요? 경력 목표를 이루거나 가족과 함께 시간을 보내거나 둘 중 양자택일을 할 수밖에 없는 걸까요?

둘 다를 성취하는 것이 충분히 가능할 때도 사람들은 오직 하나만 고를 수 있다고 넘겨짚고는 어느 한쪽을 포기해버립니다.

우리는 '이것이냐 저것이냐'를 선택해야 하는 세계가 아닌, '이것도 저것도' 소유할 수 있는 세계에서 살고 있습니다.

당신은 자기가 사랑하는 일에 시간을 보내는 '동시에' 모든 목표를 이룰 수 있습니다. 가족들과 함께 시간을 보내는 '동시에' 경력 목표를 달성할 수도 있습니다. 모든 사람은 자신이 사랑하는 일을 함과 '동시에' 생계를 위한 활동을 충분히 해낼 수 있는 세상에서 살고 있습니다.

그런 신념이 없다면 마음속에 새로운 아이디어를 받아들일 공간을 만들어내지 못합니다. 늘 하던 일만 쳇바퀴 돌리듯이 되풀이하면서 언제나 얻어왔던 결과물만 손에 넣을 뿐입니다.

당신이 두 가지 종류의 욕구를 동시에 충족할 수 있다고 믿거나 그럴 가능성을 인정하는 순간, 그 소망을 현실로 바꿔주는 새로운 아이디어의 문이 활짝 열립니다.

두 가지 목표를 모두 이뤄주는 경계선을 세워봅시다.

당신은 자의적으로 세워둔 외부적 목표를 달성하는 데 모든 것을 희생해서는 안 됩니다. 뭔가 채워지지 않은 공허한 느낌만 남을 가능성이 큽니다.

대신 두 가지 욕구를 모두 충족할 수 있는 목표를 세우고 그 목표 주위에 경계선을 설치합니다. 이렇게 하는 것이 훨씬 바람직하고 지속 가능한 방법입니다.

어떤 일을 하는 데 유일한 방법은 없으며, 심지어 '올바른' 방법도 없습니다. 특히 어떤 목표를 세우고 이를 달성하는 과정에서는 더욱 그렇습니다.

예를 들어 당신이 더 많은 돈을 벌겠다는 목표를 세웠다고 해봅시다. 이때 돈을 벌기 위해 모든 것을 희생하며 안간힘을 쓰지 않아도 됩니다. 더 적게 일하면서도 더 많은 돈을 벌 수 있는 방법을 찾아내어 이를 중심으로 경계선을 설치하는 방법도 있습니다.

모두가 돈을 벌고 싶어 하는 것은 사실이지만, 그렇다고 가족, 행복, 건강까지 희생해가며 하루에 열네 시간씩 주말도 없이 일 년 내내 일하기를 원하는 사람은 없을 겁니다.

'더 적게 일하면서 더 많은 돈을 번다'라는 목표를 중심으로 경계선을 세우기 위해서는 남들과 다르게 생각하고 더욱 창의적인 발상을 해야 합니다. 그래야만 이전에는 생각하지 못한 새로운 대안을 찾아낼 수 있습니다. 경계선은 창의성의 문을 활짝 열고 양쪽 세계의 장점만 골라서 취할 수 있는 균형 잡힌 삶의 공간을 제공합니다.

당신의 목표를 이루기 위해 어떤 경계선을 세워야 하는지 깨닫는다면, 삶에 진정한 성취감과 기쁨을 선사하는 것이 과연 무엇인지 숙고하는 데 도움이 될 겁니다.

당신에게 진정으로 살아 있는 느낌을
주는 것은 무엇인가요?
지금 하는 일에서 그런 만족감을 느끼나요?

우리는 어떤 목표를 세울 때마다 그 목표를 달성한 뒤에는 분명 행복해질 거라고 믿습니다. 하지만 당신이 지금까지 살아오면서 어떤 목표를 이뤘을 때 기쁨이나 성취감이 며칠 이상 오래 지속된 적이 있었나요?

우리는 하나의 목표를 달성한 뒤에 금세 불만족스러운 느낌에 빠지고 다음번 목표로 관심의 대상을 바꿉니다. 자동차 안의 방향제보다도 효과가 짧은 또 다른 만족감을 광적으로 추구하는 겁니다.

그러지 않아도 됩니다. 당신은 지금 바로 행복해질 수 있습니다. 특정한 목표를 달성한 뒤에야 비로소 행복해질 거라는 헛된 약속과 환상에 빠져 현재의 기쁨을 뒤로 미뤄서는 안 됩니다.

그러기 위해서는 목표를 수립하는 과정에서 기쁨을 느낄 수 있도록 결승점을 설계하고 이를 중심으로 경계선을 세워야 합니다.

목표를 세울 때는 이 순간 당신에게 속이 후련하고, 살아 있고, 충만한 느낌을 안겨주는 것이 무엇인지 생각합니다.

당신이 사랑하는 삶을 살아가게 해줄 경계선이나 기준은 무엇일까요?

때로는 순서를 바꿔 현재 당신의 에너지와 기쁨을 앗아가는 것이 무엇인지 먼저 생각하고, 이 관점을 바탕으로 당신이 원하는 삶을 설계하는 편이 나을 수도 있습니다.

가족과 더 많은 시간을 보내고 싶은가요? 좋아하는 일을 하면서 생계를 유지하기를 바라나요? 사업을 시작할 꿈을 꾸나요? 취미생활에 더 많은 시간을 할애하고 싶나요? 더 많은 돈을 벌기를 바라나요? 지금보다 더 많이 일하거나 더 적게 일하고 싶은가요?

더 많은 돈이 정말 당신을 행복하게 해줄까요? 이전 보다 두 배 많은 돈을 벌었다면 두 배만큼 행복해질까요? 그 돈으로 무엇을 하고 싶은가요? 돈이 당신에게 참된 행복과 성취감을 안겨줄까요? 당신의 마음을 진 정으로 채워줄 것은 무엇일까요?

당신에게 더 많은 시간이 주어진다면 무슨 일을 하거나 어떤 것을 만들어내고 싶은가요? 지금 당장 그 일의 일부분이라도 시작해볼 수는 없나요? 그 일을 가 능케 해줄 아이디어는 무엇인가요?

삶을 설계하는 데 틀린 답이나 '올바른' 답은 없습니다. 하지만 그렇게 까다로운 질문들을 자신에게 꾸준히 던짐으로써 자기가 진정으로 무엇을 원하는지 파악하는 일이 중요합니다. 당신 이외에는 어떤 사람도 그 질문에 대답할 수 없습니다.

당신이 사랑하는 삶을 창조하는 일은
자신을 파악하는 일에서부터 시작됩니다.

만일 삶에서 뭔가가 빠진 듯이 느껴진다면, 당신은 자기가 진정으로 원하는 바를 이뤄내는 데 필요한 공간과 경계선을 충분히 마련하지 않은 겁니다. 그 공허한 느낌을 계기로 삼아 당신이 원하는 삶을 뒷받침해줄 어떤 경계선이 부족한지 스스로 질문하고, 이를 세우기로 마음먹어야 합니다.

우리는
'이것이냐 저것이냐'를
선택해야 하는 세계가 아닌,
'이것도 저것도'
소유할 수 있는 세계에서
살고 있습니다.

9

새로운 경계선으로 갈아타기

*

경계선은 화분과 같습니다,
상황이 바뀌면 언제든
새로운 것으로 바꿀 수 있습니다.

✳ 나라고 이름 붙여진 사람을 내려놓았을 때
 나는 내가 될 수 있다.

—노자

이 세상에서는 그 무엇도 절대적이지 않습니다. 유일하게 지속되는 것은 변화입니다. 성장하고 진화하지 않는 사물은 죽기 마련입니다.

사람은 늘 자라나고 변합니다. 우리가 세워둔 경계선 역시 제때 변하지 않는다면, 우리는 자신을 이곳으로 데려온 삶의 방식에 영영 갇혀버릴지도 모릅니다.

경계선은 우리에게 자유를 선사하지만, 아무도 모르는 사이에 우리 자신을 그 안에 가두기도 합니다.

가령 당신이 가족이나 친구와 외출하는 시간을 한 달에 한 번으로 줄이고 나머지 시간에는 심신의 치유에 집중하겠다고 다짐하며 마음에 경계선을 세웠다고 해봅시다. 하지만 시간이 흐르면서 심신을 치유하는 데 많은 진전이 이루어졌을 때, 이제는 다른 사람들과의 관계에 좀 더 신경을 써야겠다는 욕구가 생길 수 있습니다. 그럴 때도 원래의 경계선에 집착하는 것은 자신의 성장을 방해하는 행위일 뿐입니다.

사람은 성장하면서 우선순위와 욕구가 변합니다. 예를 들어 우리가 훌륭한 경력을 쌓는 데 모든 것을 바치겠다는 목표를 정하고 그 목표를 중심으로 경계선을 세웠다고 합시다. 그런데 결혼해서 가족이 생겼다면 삶의 우선순위가 바뀔 수 있고, 그렇다면 기존의 경계선 또한 그런 변화를 뒷받침해야 합니다.

예전의 경계선을 떠나보내고 새로운 경계선을 설치해도 당신에게는 전혀 문제가 없습니다. 그것은 삶의 자연스러운 과정입니다.

경계선을 바꾸는 행위는 변덕을 부리거나 규칙을 어기는 일과 아무런 관련이 없습니다. 오히려 경계선을 교체함으로써 진정한 자아를 깨닫고 늘 변화하는 삶의 실체를 올바로 인식할 수 있습니다. 그건 인간의 본연적 성품을 있는 그대로 존중하는 방식이기도 합니다.

우리를 이곳으로 데려다준 길이 꼭 다른 곳으로도 안내할 거란 법은 없습니다. 한때는 우리 삶에 도움이 됐던 일이 더는 우리에게 도움을 주지 못할 수도 있습니다.

그렇다고 처음에 세워둔 경계선이 잘못됐다는 말은

아닙니다. 단지 삶이 심어진 화분에서 우리가 차고 넘칠 만큼 크게 자랐다는 뜻입니다. 이제 화분을 바꿀 때가 된 겁니다.

당신의 욕구, 우선순위, 의지가 어떻게 바뀌는지 알아차리면 과거의 경계선을 내려놓고 지금 당신이 원하는 삶을 창조하는 데 필요한 경계선을 새롭게 세울 수 있습니다.

성장을 제한하고, 에너지를 고갈시키고, 진정한 자아를 표현하는 일을 막는 낡은 경계선을 미련 없이 떠나보내야 합니다.

그런 후 당신의 성장을 돕고, 살아 있음을 느끼게 해주고, 진정한 자신의 모습과 더욱 긴밀하게 연결된 새로운 경계선을 세우시기를 바랍니다.

예전의 경계선을 떠나보내고
새로운 경계선을 설치해도
당신에게는 전혀 문제가 없습니다.
그것은 삶의 자연스러운 과정입니다.

✳ 에필로그

이 책의 마지막 부분에 이르렀습니다. 하지만 동시에 당신의 새로운 삶을 위한 출발점이기도 합니다.

먼저 당신을 바꾸지 않으면 아무것도 바꾸지 못합니다.

경계선을 세우는 일은 당신의 평화를 위해 스스로 할 수 있는 가장 중요한 행위입니다. 그동안 고통받았던 방식으로 더는 살아가지 않겠다고 다짐하시기를 바랍니다.

당신이 세울 수 있는 가장 강력하고 혁신적인 경계선은 더 이상 부정적으로 사고하지 않겠다고 마음먹는 것입니다.

당신 자신을 위해 지금 바로 경계선을 세우고, 적어도 다음 한 달 동안은 그 경계선을 마음속 우선순위의 가장 높은 곳에 올려놓기를 권합니다.

이 경계선을 잘 지키기로 스스로 약속하고, 다음 한 주 동안 어떤 감정적 변화가 생겨나는지 주의를 기울여보세요. 불과 며칠만 지나도 당신의 삶에 전혀 새로운 감정과 경험이 찾아왔음을 알아차리게 될 겁니다.

때로 경계선을 지키기가 힘이 들면 이 책을 다시 손에 들고 그때의 상황에 해당하는 장(章)을 참조하기를 바랍니다.

당신이 시작한 여정의 일원으로 나를 받아들여주고
길을 안내하게 해주어 감사합니다.

　　　　　　　　　　사랑과 빛을 전하며, 조세프

✳ 덧붙이는 말

이 장을 마치기 전에, 당신에게 작은 부탁을 하나 드립니다. 이 책이 당신에게 조금이라도 도움이 되고 통찰을 준다고 생각한다면, 책을 구매한 곳에 후기를 남겨주기를 바랍니다.

나는 당신의 생각, 통찰, 피드백, 그리고 지금까지 밟아온 개인적 여정과 그동안 있었던 일을 모두 알고 싶습니다. 당신이 그곳에 남기는 몇 마디 말은 똑같은 대답을 찾고 있는 수많은 영혼을 위해 중요한 메시지를 전달하는 역할을 할 것이며, 그 덕분에 누군가의 삶은 완전히 바뀔 수도 있습니다.

 마음속 깊은 곳으로부터 진정한 감사의 말을 전합
니다. 세상의 모든 사랑을 이루기를 기원합니다.

*

짧은 요약과 유용한 힌트

- 당신의 삶 주위에 경계선을 세우고 이를 최대한 존중해야 합니다. 경계선을 존중하는 것은 당신 자신을 존중하는 것과도 같습니다.

- 우리가 세운 경계선은 본인이 중요시하는 삶의 가치를 반영합니다.

- "노"라는 대답은 자신을 돌보기 위한 최선의 보호막입니다.

- 죄책감을 느끼지 말고 당당하게 "노"라고 대답하세요.

• 감정은 우리에게 일어나는 일 때문이 아니라, 그 일에 대한 우리의 사고 행위로 인해 생겨납니다. 느낌을 바꾸려면 먼저 생각하기를 멈춰야 합니다.

• 삶에서 부딪히는 모든 저항에 평화와 사랑으로 화답하기를 바랍니다.

• 바깥세상은 우리가 내면에서 느끼는 감정에 반응합니다.

• 경계선은 당신을 자유롭게 합니다.

- 경계선은 우리가 삶에서 진정으로 원하는 대상을 받아들일 공간을 창조합니다.

- 내가 모든 사람을 기쁘게 해줄 수 없다는 사실을 깨닫는 순간 삶의 평화가 찾아옵니다.

- 남들이 느끼는 감정을 내가 통제하지는 못지만, 존중할 수는 있습니다.

- 다른 사람들의 느낌을 바꾸는 일은 당신의 몫이 아닙니다. 평화는 사람들 각자가 자신을 위해 내려야 하는 선택의 결과물입니다.

- 당신이 이룬 변화의 진정한 힘과 최고의 잠재력을 경험하고 싶다면, 지금까지 배운 것을 보편적으로 활용할 방법을 찾아보시기를 바랍니다.

- 삶에 경계선을 세우는 일은 남들의 욕구야 어떻든 자신의 욕구만 충족하면 된다는 이기적인 행위가 아닙니다. 당신의 욕구도 주위 사람들의 욕구만큼이나 소중하다고 인정하는 사려 깊은 사랑의 행위입니다.

- 자신을 위해 경계선을 세우지도 못하고 이를 존중하지도 못할 만큼 스스로를 사랑하지 않는 사람들이 당신의 경계선을 이해할 거라고 기대해서는 안 됩니다.

- 당신 자신을 더욱 깊이 이해할 방법을 찾아야 합니다. 동시에 남들에게 오해받아도 개의치 않는다는 마음가짐을 확고히 하시기를 바랍니다.

- 만일 삶에서 뭔가가 빠진 듯이 느껴진다면, 당신은 자기가 진정으로 원하는 바를 이뤄내는 데 필요한 공간과 경계선을 충분히 마련하지 않은 겁니다. 그 공허한 느낌을 계기로 삼아 당신이 원하는 삶을 뒷받침해줄 어떤 경계선이 부족한지 스스로 질문하고, 이를 세우기로 마음먹어야 합니다.

- 당신은 성장을 제한하고, 에너지를 고갈시키고, 진 정한 자아를 표현하는 일을 막는 낡은 경계선은 미 련 없이 떠나보내야 합니다.

- 당신의 성장을 돕고, 살아 있음을 느끼게 해주고, 진정한 자신의 모습과 더욱 긴밀하게 연결된 새로 운 경계선을 세우시기를 바랍니다.

옮긴이 | **박영준**

대학에서 영문학을 전공하고 대학원에서 경영학을 공부한 후 외국계 기업에서 일했다. 현재 바른번역 소속 전문번역가로 활동 중이며 다양한 분야의 책을 번역하고 있다. 역서로는 《당신이 생각하는 모든 것을 믿지 말라》, 《슈퍼사이트》, 《슈퍼에이지 이펙트》, 《언러닝》, 《자전거의 즐거움》 등이 있다.

타인의 허락이 필요치 않은 삶

초판 1쇄 발행 2024년 4월 18일

지은이 조세프 응우옌
옮긴이 박영준

책임편집 이정아
마케팅 이주형
경영지원 홍성택, 강신우, 이윤재
제작 357 제작소

펴낸이 이정아
펴낸곳 (주)서삼독
출판신고 2023년 10월 25일 제 2023-000261호
주소 서울시 마포구 월드컵북로 361, 14층
이메일 info@seosamdok.kr

서삼독은 작가분들의 소중한 원고를 기다립니다. 주제, 분야에 제한 없이 문을 두드려주세요.
info@seosamdok.kr로 보내주시면 성실히 검토한 후 연락드리겠습니다.